ユリア ヴォリ さく　迫村 裕子 やく

# ぶた

## いろいろな　いろ

ハート

てんとうむし

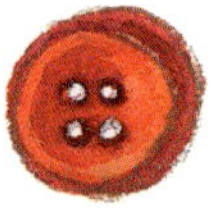

ボタン

トマト

せんたくばさみ

つみき

まちばり

しょうぼうしゃ

ぶたが
のっている
あかい
スクーター

ペンギンが
きるのは
きいろい
バスローブ

バナナ

おしゃぶり

ひよこ

レモン

つき

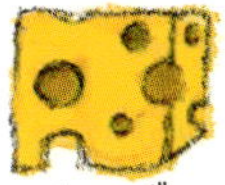
チーズ

たんぽぽ

ほし

ゆびわ

サボテン

りんご

はっぱ

あぶらむし

ちょうネクタイ

がびょう

ハブラシ

かえる

オリーブ

うしが
たてている
みどりいろの
あずまや

あなぐま
おてせいの
ピンクの
ターバン

マグカップ

ストロベリー
アイスクリーム

ぶた

あめ

ミトン

ランプ

えのぐ

スル（する）の
しろい
レインコート（れいんこーと）

くも

かくざとう

にんにく

れいぞうこ

ゆきのたま

こむぎこ

きゅうきゅうしゃ

たまご

コウモリ(こうもり)

くろいグミ(ぐみ)

こげたクロワッサン(くろわっさん)

テレビ(てれび)

ひづめのあと

あなぐま

カメラ(かめら)

ハンガー(はんがー)

クモ(くも)

うしが
ひいている
くろい
ピアノ(ぴあの)

ほたるぶくろ
ホタルブクロ

ほん

こっぷ
コップ

ぶるーべりー
ブルーベリー

こーひーかっぷ
コーヒーカップ

くつした

めがね

さかな

くれよん
クレヨン

ぶたは
あおいそうじきで
おそうじ

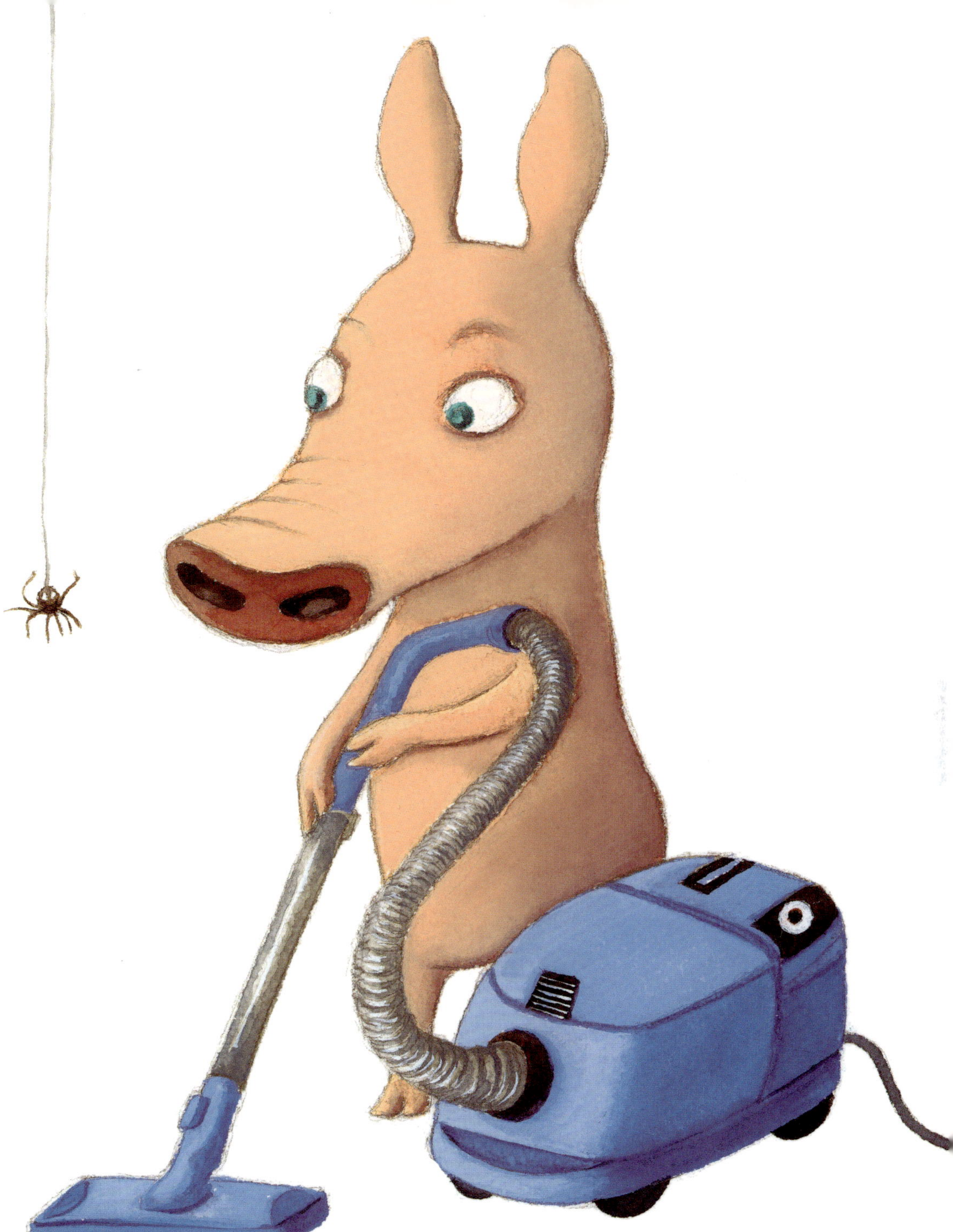

ペンギン(ぺんぎん)は

むらさきの

ボール(ぼーる)の うえで

ダンス(だんす)

プラム(ぷらむ)

かいがら

でんわ

くつ

さいふ

くし

かさ

いろえんぴつ

チーズけずり

いし

かぎ

ねずみ

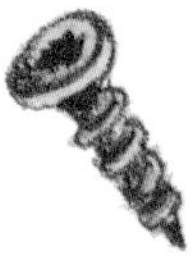
ねじ

ぼうし

はねペン

ケーキのかた

ぶたは　はいいろの
クッションの　うえで
ラクラク　たいそう

スルが

ほんを　よむ

オレンジの

ひじかけいす

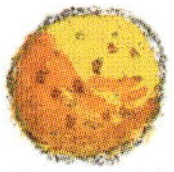
オレンジ

アヒルのおもちゃ

こま

せっけん

くるま

ながぐつ

ろうそく

フォーク

じんじゃーくっきー
ジンジャークッキー

ふうとう

きのこ

だっくすふんど
ダックスフンド

まつぼっくり

ちょこれーとけーき
チョコレートケーキ

き

かーと
カート

あなぐまの
ちゃいろい
せんす

First Published 2004 by OTAVA, Helsinki Finland
Japanese translation rights arranged with OTAVA
through S2 corporation Tokyo
Japanese edition published 2006 by BUNKEIDO Co.,Ltd. Tokyo

## ● ユリア・ヴォリ (Julia Vuori)

1968 年生まれ。ヘルシンキ美術工芸大学で美術を学ぶ。
ボローニャ・ラガッツィ賞 特別賞（2001 年）、IBBY（国際児童図書評議会）オナーリスト優秀作品賞（1996 年）、ルドルフ・コイヴ賞（1999 年）など受賞多数。
絵本、『ぶた』、『ぶた ふたたび』（共に文溪堂）で日本デビュー。「ぶた」シリーズは他に『ぶた パリへいく』、『ぶた いろいろなきもち』、『ぶた すきなこと いろいろ』、『ぶた いろいろなかず』、（以上、文溪堂）がある。
夫、３人の男の子と共にヘルシンキ在住。

## ● 迫村 裕子 (さこむら・ひろこ)

1948 年山口県生まれ。国際基督教大学卒、カリフォルニア州立大学サンディエゴ校大学院修士課程修了。プロデューサー、コンサルタントとして文化、教育、コミュニケーションの分野に携わる。イベント、展覧会などの企画プロデュースを通し、日本にフィンランドの文化を広めることに尽力している。
著作に「アメリカ・インディアンの神話、ナバホの創世物語」( 共訳・大修館書店)「オードリーヘプバーン　私のスタイル」( 共訳・朝日新聞社編 ) 他。
絵本の翻訳に『ラップランドのサンタクロース図鑑』（文溪堂）がある。

日本語版作字　　島田　ゆか
編集協力　　駒井由起子

# ぶた　いろいろないろ

2006 年 12 月　初版 第 1 刷発行　　2014 年 2 月　第 2 刷発行
著　者　ユリア・ヴォリ
訳　者　迫村 裕子
発行者　水谷 泰三
発　行　株式会社文溪堂　〒112-8635　東京都文京区大塚 3 -16 - 12
TEL (03)5976-1511（編集）(03) 5976 - 1515（営業）
ホームページ http://www.bunkei.co.jp
印　刷　大日本印刷株式会社　製　本　株式会社若林製本工場

 ISBN4-89423-501-3 NDC933 24P 206×172cm